BEI GRIN MACHT SICH IHR WISSEN BEZAHLT

- Wir veröffentlichen Ihre Hausarbeit, Bachelor- und Masterarbeit

- Ihr eigenes eBook und Buch - weltweit in allen wichtigen Shops

- Verdienen Sie an jedem Verkauf

Jetzt bei www.GRIN.com hochladen und kostenlos publizieren

Tobias Döring

Sachsen zwischen 1763 und 1831. Sachsens Weg in „Die Moderne"?

GRIN Verlag

Bibliografische Information der Deutschen Nationalbibliothek:

Die Deutsche Bibliothek verzeichnet diese Publikation in der Deutschen National-
bibliografie; detaillierte bibliografische Daten sind im Internet über http://dnb.d-
nb.de/ abrufbar.

Dieses Werk sowie alle darin enthaltenen einzelnen Beiträge und Abbildungen
sind urheberrechtlich geschützt. Jede Verwertung, die nicht ausdrücklich vom
Urheberrechtsschutz zugelassen ist, bedarf der vorherigen Zustimmung des Verla-
ges. Das gilt insbesondere für Vervielfältigungen, Bearbeitungen, Übersetzungen,
Mikroverfilmungen, Auswertungen durch Datenbanken und für die Einspeicherung
und Verarbeitung in elektronische Systeme. Alle Rechte, auch die des auszugsweisen
Nachdrucks, der fotomechanischen Wiedergabe (einschließlich Mikrokopie) sowie
der Auswertung durch Datenbanken oder ähnliche Einrichtungen, vorbehalten.

Impressum:

Copyright © 2011 GRIN Verlag GmbH
Druck und Bindung: Books on Demand GmbH, Norderstedt Germany
ISBN: 978-3-656-04496-3

Dieses Buch bei GRIN:

http://www.grin.com/de/e-book/181160/sachsen-zwischen-1763-und-1831-sachsens-
weg-in-die-moderne

GRIN - Your knowledge has value

Der GRIN Verlag publiziert seit 1998 wissenschaftliche Arbeiten von Studenten, Hochschullehrern und anderen Akademikern als eBook und gedrucktes Buch. Die Verlagswebsite www.grin.com ist die ideale Plattform zur Veröffentlichung von Hausarbeiten, Abschlussarbeiten, wissenschaftlichen Aufsätzen, Dissertationen und Fachbüchern.

Besuchen Sie uns im Internet:

http://www.grin.com/

http://www.facebook.com/grincom

http://www.twitter.com/grin_com

Technische Universität Dresden
Philosophische Fakultät
Institut für Geschichte
Lehrstuhl für Sächsische Landesgeschichte
Sommersemester 2011

Proseminar: Reform und Restauration. Sachsen 1763 bis 1831

Essay

zum Thema:

Sachsen zwischen 1763 und 1831 -
Sachsens Weg in „Die Moderne"?

Verfasser: Tobias Döring

Studiengang: 6. FS. Politikwissenschaft / Humanities
Datum: 23. September 2011

I. Ein Rückblick – Das Kurfürstentum am Abgrund

Mit dem Frieden von Hubertusburg am 15. Februar 1763 endete der für alle Kriegsparteien zermürbende Sieben Jährige Krieg. Das Kurfürstentum Sachsen, das an der Seite von Frankreich, Österreich und Russland gegen Preußen und Großbritannien kämpfte, stand mit seinem Territorium zwischen den Großmächten Preußen und Österreich. Schwer wiegten die Kriegsschäden und Kriegsopfer auf Sachsen. Zudem war das Kurfürstentum hoch verschuldet und musste rund 65 Prozent seiner Steuereinnahmen für die Tilgung der laufenden Kredite aufwenden. Städte wie Zittau, Wittenberg und Dresden erlitten erhebliche Kriegsschäden. Die Landwirtschaft des Kurfürstentums litt unter Seuchen. Landwirtschaftliche Gebäude und Arbeitsgeräte waren zerstört. Die staatlichen Abgaben und die Abgaben an Kirche und Grundherren, die in den Kriegsjahren besonders hoch waren, belasteten die Bauern zusätzlich. Die Bevölkerung Sachsens schrumpfte während des Krieges um acht Prozent. Politisch verlor Sachsen in Europa völlig an Bedeutung.[1]

Es waren Maßnahmen notwendig um das Land im Inneren wieder zu stabilisieren und die Versorgung der Bevölkerung sicher zu stellen. Außenpolitisch erschien die Bedrohung durch Preußen zu groß, als dass sich Sachsen auf dieses Mächtespiel hätten einlassen können. Vielmehr war ein außenpolitisches Umdenken angesagt: Weg von Großmachtbestrebungen und hin zur „Bewahrung der eigenen Souveränität"[2].

Diese sächsische *Epoche des Wiederaufbaus*[3] wird in der Literatur zumeist zwischen Reform und Restauration verortet,[4] womit zugleich eine Wertung vorgenommen wird. Zu beurteilen, ob restaurative oder innovative Maßnahmen diese Zeit prägten, setzt voraus, sich die Begriffe der *Reform*, der *Restauration*, der *Innovation* und, ergänzend dazu, der *Modernisierung* zu vergegenwärtigen und eine Explikation dieser Begriffe vorzunehmen. Erst wenn dies getan ist, kann man den Versuch starten, die historische Vergangenheit an diesen Begriffen zu messen.

II. Reform und Restauration, Innovation und Modernisierung – Der Versuch zur begrifflichen Trennschärfe

Der Begriff der *Modernisierung* besitzt wohl die größte Spannweite, weswegen er auch als erstes expliziert wird. Bis in die 1980er Jahre verharrte der Modernisierungs-Begriff in einer historisch-marxistisch geprägten Perspektive, die Modernisierung als eine *zielgerichtete Veränderung* von einer traditionellen und rückständigen Gesellschaft, hin zu einer modernen, fortschrittlichen Zukunft bezeichnet. Die Wandel von Agrar- zu Industrie- und von Industrie- zu Dienstleistungs- und Wissensgesellschaften galten als die wichtigsten Modernisierungsprozesse, die als lineare,

---

1 Vgl.: Gross 2007: 160, Nauman 1998: 160 und Schirmer 2000: 144, 149.
2 Matzerath 2003: 146.
3 Diese Epoche nach dem Sieben Jährigen Krieg wird auch als Rétablissement bezeichnet.
4 So zum Beispiel bei Karlheinz Blaschke und Uwe Schirmer.

unumkehrbare und in ihrer Auswirkung als positive Prozesse gesehen wurden.[5] Allerdings zeigte sich bei näherer Betrachtung, dass diese als fortschrittlich gedachten, gesamtgesellschaftlichen Entwicklungen eine Vielzahl miteinander verwobener Veränderungsprozesse[6] umfasste, die in ihren Vorbedingungen verschieden waren und in ihrem Verlauf von Land zu Land Tempounterschiede und Ungleichzeitigkeiten aufwiesen.[7] Ein „reflexives" Modernisierungskonzept, das sich vom vorherrschenden, eurozentristischen und teleologisch angelegten Modernisierungs-Begriff löst, liefert Shmuel Eisenstadt bereits 1966:

> „Historisch gesehen bezeichnet Modernisierung den Prozess der Entwicklung hin zu denjenigen sozialen, ökonomischen und politischen Systemen, die sich in Westeuropa und Nordamerika zwischen dem siebzehnten und neunzehnten Jahrhundert herausbildeten und anschließend in andere europäische Länder sowie nach Südamerika, Afrika und Asien verbreitet wurden. Moderne Gesellschaften entwickelten sich aus einer großen Vielfalt unterschiedlicher traditioneller, vormoderner Gesellschaften heraus." (Eisenstadt 2005: 1)[8]

Hier wird deutlich, dass neuere Konzepte weder von einem einheitlichen Typus einer traditionellen noch einer modernen Gesellschaft ausgehen. Um der Komplexität dieser gesamtgesellschaftlichen Transformationsprozesse gerecht zu werden, war ein Perspektivenwechsel notwendig, der sich weniger auf die großen Makrostrukturen und Prozessen befasst und stärker die subjektiven Erfahrungen und Wahrnehmungen mit diesen Prozesse fokussiert.[9] Schildt verweist in diesem Zusammenhang auf sogenannte „Modernisierungskrisen", die einerseits Ausdruck der nicht nur positiven Auswirkungen von Modernisierungsprozessen sind, andererseits werden diese Prozesse ohnehin unterschiedlich bewertet, abhängig davon, welche persönliche Weltanschauung der Betrachter vertritt. Diese gesellschaftlichen Konflikte zeigen sich gegenwärtig sehr gut am Beispiel der *Globalisierung*.[10]

Eisenstadt bezeichnet die „Moderne" als „ein spezifisches kulturelles Programm"[11] und betont somit die Kontingenz mit der sich die Modernisierung ausgehend von Europa auf die Welt ausbreitete. Kennzeichen der *europäischen Moderne* sind zum Beispiel die ständige Um- und Neugestaltung der europäischen Zentren und seiner nationalen Gemeinschaften. Diese zumeist kriegerisch ablaufenden, territorialen Veränderungen der europäischen Nationen hatten wiederum Auswirkungen auf die Herausbildung politischer Ordnungen, die in Europa im Spannungsfeld zwischen Egalität und Autorität stehen. Abhebend von der Spezifität in ihrer Erscheinung, identifiziert Eisenstadt mehrere die Moderne prägende Faktoren, die zur Analyse der kulturellen

---

5 Vgl.: Hafner 2008: 627, und auch Brockhaus 2001: 20.
6 Als die wichtigsten Teilprozesse stehen: Industrialisierung und Urbanisierung, eine „funktionale Differenzierung 'freigesetzter Handlungssphären' (dies lässt sich nicht vollständig mit dem Begriff der Individualisierung erfassen), eine Rationalisierung der differenzierten Bereiche unter dem Primat der Leistungssteigerung (Schildt 2010: 2). Aber auch die Säkularisierung, die Etablierung von Rechtsstaatlichkeit, die Demokratisierung, die Technisierung und die Domestizierung sind Teil dieser Veränderung (Vgl.: Hafner 2008: 627).
7 Vgl.: Schildt 2010: 3, und auch Hafner 2008: 627.
8 Eisenstadt 2005: 1.
9 Vgl.: Schildt 2010: 3f.
10 Vgl.: Hafner 2008: 628.
11 Eisenstadt 2005: 2.

Programme heran gezogen werden können. Eisenstadt versucht die Wandlungsprozesse hin zur Moderne diskurstheoretisch zu erfassen, was ihm ein breites Instrumentarium erschließt. Er nennt unter anderem die politische und gesellschaftliche *Machtkonstellation,* die sich auf den immerwährenden Wettstreit der Eliten und deren Verbindung zu breiten Bevölkerungsschichten bezieht. Welche *Weltanschauungen* und *politischen Ideologien* herrschen in den jeweiligen Gesellschaften vor? Welche *Akteure*[12] beteiligten sich am *„Diskurs der Moderne"*?[13]

Von ähnlicher Spannweite wie der Modernisierungs-Begriff zeigt sich der Begriff der *Restauration.* Als *Epochenbegriff* bezeichnet Restauration in Deutschland die Zeit zwischen dem Wiener Kongress 1815 und der Märzrevolution von 1848/49. In Frankreich bezeichnet er die Zeit zwischen dem Wiener Kongress und der Julirevolution 1830. In seiner Bedeutung bezieht sich der Restaurations-Begriff auf „die Wiederherstellung einer vorübergehend durch Gewalt unterbrochenen legitimen Herrschaft".[14] Genauer wird damit die Wiederherstellung der monarchischen Herrschaftssysteme in Europa benannt, die durch Napoleons Feldzüge heftig aufgewirbelt wurden. Diese Rückbesinnung auf die bewährte Monarchie war im Rahmen des Wiener Kongresses in den größeren Kontext der territorialen und politischen Neuordnung Europas eingebunden, die nach 25 Jahren Krieg und Blutvergießen wieder Ruhe und Stabilität über die europäischen Völker bringen sollte.[15] Allerdings fällt die Bewertung dieser „restaurativen" Epoche unterschiedlich aus, je nachdem auf welchen gesellschaftlichen oder politischen Teilbereich der Blick fällt. So war für Demokraten und Liberale die Zeit der Restauration eher negativ konnotiert, da ihnen aus der Rolle der unterdrückten und bekämpften Opposition heraus, eine Beteiligung an der Macht und damit die politische Mitbestimmung verwehrt blieb.[16] Aus der historisch-juristischen Perspektive[17] hingen den Begriffen „restaurare" und „restauratio" positive Konnotationen von *Wiederherstellung* und *Erneuerung* an. Aufgrund der Verbreitung des Römischen Rechts in Europa war dieser positive Gehalt zumindest bis in das 18. und frühe 19. Jahrhundert von Bedeutung.[18] Mit der wachsenden Kritik am monarchischen Herrschaftssystem und der alten, „gottgewollten" Ordnung, verlagerte sich das positive Moment der *Erneuerung* auf den Reform-Begriff und dem Begriff der Restauration blieb das negative „Etikett des Ultra-Konservativen, Rückwärtsgewandten, Ewig-Gestrigen"[19] angehaftet. Gersmann verweist aber auf die „tatsächliche polit., soziale, wirtschaftliche und intellektuelle Dynamik dieser Epoche"[20], die von der Forschung bisher unterbelichtet blieb.

Der *Reform*-Begriff hat bis zu seiner gegenwärtigen „inhaltlichen Entleerung" und der daraus folgenden „Beliebigkeit seiner Anwendung"[21], eine rege Entwicklung durchgemacht. Bis in das 17.

---

12 u.a. Politisch Aktive, Intellektuelle, soziale Bewegungen.
13 Vgl.: Eisenstadt 2005: 3f.
14 Gersmann 2010: 134.
15 Vgl.: Gersmann 2010: 135.
16 Vgl.: Gersmann 2010: 135f.
17 Heinz Mohnhaupt bezieht sich hier auf das Römische Recht, genauer gesagt auf den „Corpus iuris civilis" (Zivilrecht).
18 Vgl.: Mohnhaupt 2008: 350.
19 Gersmann 2010: 136f.
20 Gersmann 2010: 137.
21 Mohnhaupt 2008: 360.

Jahrhundert hinein wurde mit Reformkonzepten auf die *Wiederherstellung* der aus dem göttlichen Willen hergeleiteten „idealen Ordnung" abgezielt. Gesellschaftliche Probleme als eine Störung dieser Ordnung zu identifizieren, war aber vielmehr ein Mittel, um Reformgesetzgebungen die notwendige Legitimität zu verleihen. Im Zuge dieser Gesetzgebungsprozesse und der angestrebten Wiederherstellung der „gestörten Ordnung" wurden bestehende Gesetze angepasst oder abgeschafft und neue Gesetze hinzugefügt[22]. Bereits hier fallen also der Gedanke der *Wiederherstellung* und die tatsächliche *Neuerung* im Reform-Begriff zusammen.

Im 17. und 18. Jahrhundert – besonders aber im Zusammenhang mit der französischen Aufklärung – gewinnt ein „progressiver" Reform-Begriff an Bedeutung, der stärker als zuvor den Moment der Neuerung betont und darauf verzichtet, seine Legitimität aus dem Rückgriff auf eine „idealisierte Gegenwelt" zu beziehen. Dieses Reformverständnis zielt vielmehr direkt auf eine *Verbesserung* und *Neugestaltung,* wobei das Verständnis einer *positiven* Umgestaltung hier an den Kontext der Aufklärung gebunden ist. Ebenso wird auch das Überleben eines Staatswesens mit seiner *Reformfähigkeit* in Zusammenhang gebracht. Ein Staat der nicht in der Lage ist, sich an „objektiv" veränderte Bedingungen anzupassen, wird auf kurz oder lang nicht bestehen können. Aus diesen zwei Punkten – eine zielgerichtete Verbesserung und die Stabilität des Staates – konnte die Reformgesetzgebung ihre Legitimität beziehen.[23]

Mit dem Motiv der Stabilität wird eine neue Bedeutungsdimension des Reform-Begriffes aufgemacht. Im Zuge der französischen Revolution und der Revolutionen in Deutschland von 1848/49 fügt sich der Reform-Begriff in das Konzept der Liberalen ein, die kalkulierbare Veränderungen ohne Umstürze anstreben. Damit wird ein Gegensatzpaar von *Revolution* und *Reform* geschaffen, das sich in Deutschland nur langsam durchsetzt. In Frankreich spielt der Reform-Begriff bis heute nur eine nebensächliche Rolle und bezieht sich zumeist auf das religiös-geschichtliche Ereignis der Reformation.[24]

Mit dem Begriff der *Innovationen* werden sehr kleine Elemente von Wandlungsprozessen bezeichnet, die allgemein für eine *Verbesserung* stehen. Der Brockhaus definiert Innovationen wie folgt:

> Innovationen bezeichnen „die planvolle, zielgerichtete Erneuerung und auch Neugestaltung von Teilbereichen, Funktionselementen oder Verhaltensweisen im Rahmen eines bereits bestehendes Funktionszusammenhangs (soziale oder wirtschaftl. Organisation) mit dem Ziel, entweder bereits bestehende Verfahrensweisen zu optimieren oder neu auftretenden und veränderten Funktionsanforderungen zu entsprechen."[25]

Was hieraus hervorgeht ist, dass Innovationen so ziemlich alles sein können was optimiert, verbessert, die Effizienz und Arbeitsproduktivität steigert, anpasst und Probleme löst. Bei der

---

22 Vgl.: Schilling 2009: 778f.
23 Vgl.: Schilling 2009: 781f. und Mohnhaupt 2008: 351f.
24 Vgl.: Schilling 2009: 783f.
25 Brockhaus 2001: 555.

Beschreibung von Innovationen beschränkt man sich allerdings auf den Moment, in dem Neuerungen in der Praxis angewendet werden. Bei der Anwendung von Innovationen erfolgt zumeist ein Bruch mit alten Gewohnheiten. Dies birgt zumeist auch ein gewisses Risiko, den die Vorteile von Innovationen und ihre tatsächliche Leistungsfähigkeit sind im Stadium der Ideenfindung nur schwer zu überschauen und abzuschätzen oder überhaupt nicht ersichtlich.[26] Dieses Risiko minimiert sich, wenn zum Beispiel auf, in anderen Kulturen[27] bereits angewendete, Elemente zurückgegriffen werden kann, die als Innovation für die eigene Kultur entdeckt werden. Dieser Transfer von Technologien und Verfahren in andere Regionen, man spricht hier von der *Diffusion* von Innovationen, wurde in der Vergangenheit durch Arbeitsmigration und Flüchtlingsströme begünstigt. Aufgrund des mehr oder minder hohen Risikos im Innovationsprozess, sind für eine Innovationstätigkeit gewisse Motivationen[28] notwendig, die es lohnenswert machen, dieses Risiko einzugehen.[29]

Welche Motivationen die Innovationstätigkeit im kurfürstlichen Sachsen beförderten und welche Krisen einen Bruch mit dem Gewohnten lohnenswert machten, wird im angeschlossenen Kapitel näher untersucht.

III. Die Zeit des Rétablissement – Sachsen nach dem Sieben Jährigen Krieg

Um die Schäden zu beseitigen, die der Krieg über Sachsen gebracht hatte, wurde noch von Friedrich August II. und Graf Heinrich von Brühl eine Kommission berufen, die Vorschläge ausarbeiten sollte, wie Sachsens Volkswirtschaft wiederaufgebaut werden könne und wie sich der Staatskredit wieder herstellen lasse. Diese „Restaurationskommission" war vom 30. April 1762 bis zum 5. August 1763 tätig und legte ihren Abschlussbericht im November des selben Jahres vor. Die darin enthaltenen Vorschläge betrafen besonders den *Agrarbereich*, wo technische Modernisierungs- und Bildungsmaßnahmen insgesamt zu einer Intensivierung der Bodenkultur und somit zu höheren Flächenerträgen führen sollten. Weiterhin sollte der *Handel* und das *Manufakturwesen* gefördert, sowie das *Straßen* und *Verkehrswege* verbessert werden. Ein weiterer Punkt waren die Staatsschulden, die den sächsischen Haushalt übermäßig belasteten. Mit der Umsetzung der vorgeschlagenen Maßnahmen wurde eine nicht neu gegründete[30], aber wieder reaktivierte Regierungsstelle beauftragt, die den sperrigen Namen der „*Landesökonomie-, Manufaktur- und Kommerziendeputation*" trägt, daher auch kurz *LÖMK*. Die LÖMK, die weniger eine Behörde als ein beratendes Gremium war, weil ihr die notwendigen Entscheidungsbefugnisse

---

26 Vgl.: Reith 2007: 1004 und 1008.
27 Der Begriff der Kultur bezieht sich hier auf alle gesellschaftlichen Bereiche (Politik, Wirtschaft, Landwirtschaft, Sozialraum).
28 Diese Motive können von vielfältigster Art sein. Zum Beispiel motivieren steigende Rohstoffkosten aufgrund von Verknappung dazu, diese Rohstoffe einzusparen oder zu ersetzen. Veränderungen im Arbeitsprozess und die Entstehung neuer Arbeitsbereiche und -felder führen zu veränderten Anforderungen an die Ausbildung und allgemein an das didaktische System. Veränderte oder konflikthafte Umweltbedingungen oder gesellschaftliche Probleme führen zu neuen Verhaltensweisen und Deutungsmustern.
29 Vgl.: Brockhaus 2001: 555 und Reith 2007: 1009.
30 Erstmalig trat die „Kommerziendeputation" 1735 zusammen (Vgl.: Blaschke 1996: 11).

fehlten, bestand aus höheren Beamten der Zentralverwaltung, die sich im Kreis kompetenter Männer mit Fragen der Volkswirtschaft befassten und ihre gewonnene Erkenntnisse in ihre jeweiligen Behörden trugen und dort umzusetzen versuchten. Die Innovationstätigkeit sollte durch Prämienzahlungen befördert werden und so wurden zwischen 1764 und 1827 rund 2,25 Millionen Taler[31] an Prämien ausgeschüttet. Eine weitere Neuerung, die landesfürstliche Verwaltung betreffend, war die Neudefinition der Rolle der *Amtshauptleute*, die nun „einen festen Platz im staatlichen Gefüge"[32] erhielten. Deren Arbeit konzentrierte sich nun vornehmlich auf die innere Verwaltung. Als Unterebene der Zentralverwaltung bildeten sie die Vorläufer der Kreishauptmannschaften beziehungsweise der Landkreise. Im Jahr 1773 kam es zu einer Reform der Finanzverwaltung, in deren Rahmen die bestehende Finanzbehörden in der neu gegründeten *Generalhauptkasse* zusammen gefasst wurden. Hieraus entstand 1782 dann das *Geheime Finanzkollegium*.[33] Darüber hinaus spielte auch die Bildung eine wichtige Rolle, was sich in der Gründung von Zahlreichen Bildungs- und Forschungseinrichtungen widerspiegelte[34].

Die wirtschaftlichen Erfolge der Restauration ließen nicht lange auf sich warten. So konnte Sachsen bereits 1774 eine Überschuss von rund 380.000 Talern im Staatshaushalt vorweisen. Auch die landwirtschaftlichen Erträge konnten in kurzer Zeit verdoppelt werden.[35] Damit war die Arbeit der Restaurationskommission ein voller Erfolg, auch wenn damit lediglich ökonomische Aspekte, wenn auch sehr vielfältig, beachtet wurden. Mit der Wiederherstellung der volkswirtschaftlichen Ökonomie und der erfolgreichen Konsolidierung des Staatshaushaltes ist auch die Epoche des Rétablissement um 1780 in Sachsen beendet.[36]

Ein weiterer wichtiger Aspekt ist das politische und gesellschaftliche Umdenken, das besonders von der Restaurationskommission ausgehend in die Öffentlichkeit getragen wurde. Vor allem das militärische Element musste neuen Werten wie Bildung und Erziehung, Sparsamkeit und Fleiß weichen. Diese Werte fanden auch ihren Ausdruck in der kurfürstlichen Politik. Nicht ohne Grund wurde Friedrich August II. schon zu Lebzeiten als „der Gerechte" bezeichnet. Er fühlte sich im aufklärerischen Sinnen seinen Untertanen verbunden und wagte einen Bruch mit den alten höfischen Gewohnheiten. Dazu gehörten auch drastischen Einsparmaßnahmen am Hofe[37], womit der Kurfürst als gutes Beispiel voran gehen wollte. Einsparungen die aber auch rational gerechtfertigt und notwendig waren. Kurz: *alternativlos*.[38]

So kann man Karlheinz Blaschke zustimmen, der sich gegen den Begriff der „Staatsreform"[39] versperrt, weil es eben keine großflächigen Veränderungen im Staatsgefüge gab, die das Recht, die Behörden und deren Zuständigkeiten betreffen. Vielmehr stand diese Epoche unter dem primären Ziel der ökonomischen Genesung des Landes. Dazu wurden einige Reformen

---

31 Vgl.: Czok 1989: 289.
32 Blaschke 1996: 10.
33 Vgl.: Blaschke 1996: 10f. und Czok 1989: 287-289.
34 Zum Beispiel die Gründung der Universitäten in Leipzig und Wittenberg 1765, der Bergakademie in Freiberg 1775 und der Akademie für Bildende Künste 1764 in Dresden (Vgl.: Czok 1989: 290).
35 Vgl.: Czok 1989: 290.
36 Vgl.: Groß 2009: 31.
37 Zum Beispiel die Schließung der Hofkapelle und des Hoftheaters.
38 Vgl.: Blaschke 1996: 11.
39 Der Begriff der „Staatsreform" geht in diesem Zusammenhang auf Horst Schlechte zurück.

losgetreten, in deren Rahmen zum Teil innovative Neuerungen zum Einsatz kamen. Insgesamt überschritt man allerdings die Schwelle der bloßen Wiederherstellung und setzte erste Grundsteine, die den Beginn einer *neuen Zeitepoche*[40] andeuteten. Dieser Trend konnte auch in den folgenden Jahrzehnten fortgesetzt werden.

IV. Sachsen zwischen dem Rétablissement und der nahenden Front von 1813

Da für die Sachsen die französische Aufklärung und die Revolution vom 1789 nicht verborgen blieb und sich somit auch die Ideen dieser Zeit verbreiteten, wuchsen die Bemühungen und Bewegungen, die sich für Reformen und die Verbesserung der allgemeinen Lebenszustände interessierten. Die Überlegungen konzentrierten sich besonders auf das *Steuersystem*, die *agrarrechtlichen Verhältnisse* und die *Verfassung*. Es zeigt sich, dass bereits hier über den bloßen Aspekt der Ökonomie hinaus gedacht und allmählich auch das Staatswesen im Licht der Reformfähigkeit und Reformbedürftigkeit betrachtet wurde.[41]

Erste Reformanstrengungen im Agrarrecht wurden durch eine 1791 gebildete Kommission verfolgt. Diese hatte zur Aufgabe, gesetzliche Regelungen zur Abkürzung und Beschleunigung von Gerichtsverfahren auszuarbeiten. Ursache hierfür waren die „Jagdunruhen" im Mai 1790, die sich bis zum Sommer zum „Bauernaufstand" ausweiteten. Diese Unruhen traten zu Tage, weil sich Prozessstreitigkeiten zwischen Bauern und Grundherren häuften, die den Umfang und die Rechtmäßigkeit des Frondienstes, sowie die zu leistenden Abgaben und Dienste betrafen. Obwohl der Kurfürst anordnete, mit Militär gegen gewalttätige Aufständische „mit Zurückhaltung" vorzugehen, forderte er von den Bauern, einen Rädelsführer zu bestimmen, der für Gespräche und Verhandlungen zur Verfügung stand. Darin zeigt sich, dass der Kurfürst die Reformbedürftigkeit anerkannte und an einer friedlichen Lösung interessiert war. Die Kommission die sich mit den Problemen der Bauern beschäftigen sollte, ging im Ergebnis über die eigentliche Aufgabe hinaus und hielt schriftlich „Rechtsgrundsätze in Fron- und Dienstsachen, Hut- und Triftsachen" fest. Damit war das Verhältnis zwischen Bauern und Grundherren klar geregelt. Doch die damit eintretenden Bevorteilung der Bauern rief Kritik bei den Gutsherren hervor. Neuere Reformmaßnahmen wurden zwar in den Behörden heftigst diskutiert, deren Umsetzung kamen dann aber die Ereignisse in Europa dazwischen.[42]

Der Landtag von 1793 wurde von der Kritik an den Verfassungszuständen und den Ungerechtigkeiten des Steuersystems dominiert. Die durch das Steuersystem privilegierten Ritterschaften waren lediglich zu einer freiwilligen Zahlung angehalten, während wirtschaftlich schwache Bevölkerungsteile übermäßig stark belastet wurden. Auch die Städte wurden durch

---

40 Gemeint ist hier die Epoche der Moderne.
41 Vgl.: Gross 2008: 138.
42 Vgl.: Gross 2008: 138, Petschel 2000: 93f. und Halder 2007: 210.

höherer Steuern und das komplizierte Abgabesystem stärker belastet als die ländlichen Gemeinden. Veränderungen bringt der Landtag von 1793 zwar nicht, da besonders die Frage der Steuererleichterung im Raum stand, allerdings wurden die vorgetragenen Reformansätze in den darauf folgenden Jahren breit in der Öffentlichkeit diskutiert. Dieser als „Broschürenstreit" bekannte Diskurs um Reformansätze fand vorwiegend über schriftliche Veröffentlichungen statt, wobei auch hier die Inspiration durch die Ideen der französischen Aufklärung nur schwer zu verkennen sind. Auf den folgenden Landtagen von 1799 und 1805 konnten dann aber einige Veränderungen in der Armenpflege, im Schulwesen und in der Forstwirtschaft erkämpft werden.[43]

Schon auf den Landtagen von 1793, 1799 und 1805 wurde die fehlende Einheit Sachsens und die komplizierte Verwaltungsgliederung kritisiert. Mit der Beteiligung Sachsens am Rheinbund und den Napoleonischen Kriegen wurden die Mängel im Staatswesen offensichtlich und es formierte sich ab 1806 eine breite Reformbewegung aus Adel, Beamten und städtischen Bürgern, die sich mit einer Staatsreform befassten. Diese „Unionsvorschläge" wurden vom König und dem Geheimen Kabinett 1809 allerdings noch abgelehnt, weil damit „die Rechte der traditionellen Landstände in den Lausitzen und den Hochstiftern beeinträchtigt"[44] wurden wären. Zwar brachte auch der Landtag von 1811 keine beschlussfähige Reform zutage, da sich zwar das Geheime Finanzkollegium den „Unionsvorschlägen" und der Argumentation[45] anschloss, allerdings war das Regierungskabinett zu dieser Frage gespalten. So wurde beschlossen, diese Reformen durch Abgeordnete vorbereiten zu lassen. Hierzu wählte jeder erbländische Kreis zwei ritterschaftliche und zwei städtische Abgeordnete. Weiter als bis zur Wahl der Abgeordneten konnte die Reform allerdings nicht voran schreiten, denn dann brach erneut der Krieg über Sachsen herein.[46]

V. Resümee

Wie lässt sich die Reform-Politik der sächsischen Regierung nun charakterisieren? Erstens kann einmal festgehalten werden, dass es für Reform-Anstrengungen immer einen *Grund* brauchte, der meist seinen Ursprung in der *Umwelt* der Regierung fand. Diese Umwelt ist nun damals so vielfältig wie heute auch. Leider wurde diese Vielfältigkeit von der Geschichtsschreibung zu Weilen unterschlagen, oder die historische Rezeption erfolgte zu bestimmten Zwecken[47]. Es lassen sich aber einige wichtige Punkte zusammentragen, die auf die Reform-Politik Sachsens Einfluss nahmen. Vorrangig waren es *ökonomische Defizite* in großen Teilen der Gesellschaft, die das Rétablissement begründeten. Alles wäre besser gewesen als Tatenlosigkeit. Zumal ein möglicher *Staatsbankrott* die Legitimität der Regierung und des Kurfürsten schwer beschädigt hätte. Es

---

43 Vgl.: Gross 2008: 139f.
44 Blaschke 1996: 14.
45 Die vom König geforderten Steuererhöhungen im Zuge der notwendigen Rüstungsausgaben, die als verpflichtende Leistung im Rahmen des Rheinbundes gesehen werden müssen, sollten durch Einsparungen in der Verwaltung ausgeglichen werden. Diese Einsparungen sollte durch die „Union" und die damit verbundene Neuordnung der Verwaltung erreicht werden.
46 Vgl.: Gross 2008:140-142.
47 Hier sei auf den Begriff des „Historizismus" verwiesen, wie er durch K.R. Popper geprägt wurde.

waren aber auch die *Städte*, die *Beamten*, der *Adel* und die *Ritterschaften*, die als wichtige und mächtige politische Mitspieler nur schwer ignoriert werden konnten. Es hängt auch vom *Selbstverständnis* der Regierenden selbst ab, wie sie sich ihrem Volk gegenüber verhalten. Hier profitierte die Entwicklung Sachsens von einem Herrscher, der durch die Ideen und Erfahrungen der Aufklärung geprägt war. Das Beispiel der französischen Revolution hatte gezeigt, wie sich der Volkszorn gegen die Herrschenden entladen kann, was sicher alle damaligen Herrscher vermeiden wollten. Des weiteren bestanden verschiedene *Sachzwänge*, zum Beispiel außenpolitische Verpflichtungen, denen die Regierung unterlag. Im kurfürstlichen Sachsen versuchte man sich von solchen Zwängen zu befreien, indem man eine außenpolitische Neutralität anstrebte. Als Königreich war Sachsen in den Rheinbund und die Napoleonischen Kriege einbezogen, wodurch die Forderung nach militärischen Leistungen bestand, denen Sachsen nachkommen musste. Diese Zwänge konnten die Reformpolitik der Regierung sowohl hemmen, als auch befördern[48], obwohl sicher auch eine eher konservative Grundhaltung bei den Regierenden vorlag. Das die Frage des Machterhalts aus Sicht der Regierung bei allen Reform-Maßnahmen immer ein wichtiger Aspekt war, lässt sich nicht aus der Hand schlagen. Dies liegt aber vielmehr im Naturell der Politik und des Regierens.

---

48 Während die finanzielle Belastung durch militärische Ausgaben Steuererleichterungen schwieriger machte, war die gehobene Anforderung an die Staatsstrukturen, die eine Einbindung in den Rheinbund mit sich brachte, ein Grund, sich für Strukturreformen zu entscheiden.

Literaturverzeichnis

BLASCHKE, Karlheinz: Sachsen zwischen den Reformen 1763 bis 1831, in: SCHIRMER, Uwe (Hrsg.): Sachsen. 1763 – 1832. Zwischen Rétablissement und bürgerlichen Reformen. Beucha 1996 (Schriften der Rudolf-Kötzschke-Gesellschaft, 3), S. 9-23.

BROCKHAUS. Die Enzyklopädie. In 24 Bänden. Band 15. Moc – Nord. 20. überarbeitete und aktualisierte Auflage, Leipzig/Mannheim 2001 (Weltbild Studienausgabe).

CZOK, Karl/GROSS, Reiner: Das Kurfürstentum, die sächsisch-polnische Union und die Staatsreform (1547 – 1789), in: CZOK, Karl (Hrsg.): Geschichte Sachsens. Weimar 1989, S. 208-296.

EISENSTADT, Shmuel N.: Die Vielfalt der Moderne. Ein Blick zurück auf die ersten Überlegungen zu den "Multiple Modernities", in: Themenportal Europäische Geschichte, letzte Aktualisierung: 12.04.2005, URL: http://www.europa.clio-online.de/2006/Article=113, Zugriff am: 17. Juli 2011.

GERSMANN, Gudrun: Restauration, in: JAEGER, Friedrich (Hrsg.): Enzyklopädie der Neuzeit - 11. Renaissance – Signatur. Stuttgart/Weimar 2010, S. 134-144.

GROSS, Reiner: Geschichte Sachsens. Leipzig, 4. erweiterte und aktualisierte Auflage 2007.

GROSS, Reiner: Reformbestrebungen in Kursachsen während der napoleonischen Zeit, in: MARTIN, Guntram/VÖTSCH, Jochen/WIEGAND/Peter (Hrsg.): Geschichte Sachsens im Zeitalter Napoleons. Vom Kurfürstentum zum Königreich 1791-1815. Beucha/Dresden 2008, S.137-144.

GROSS, Reiner: Das kursächsische Rétablissement und die Stadt Chemnitz, in: FIEDLER, Uwe/NICKLAS, Thomas/THOß, Hendrick: Die Gesellschaft des Fürsten. Prinz Xaver von Sachsen und seine Zeit. Chemnitz 2009, 31-39.

HAFNER, Urs: Modernisierung, in: Stiftung historisches Lexikon der Schweiz (Hrsg.): Historisches Lexikon der Schweiz. Band 8. Locarnini – Muoth. Basel 2008, S. 627-628

HALDER, Winfrid: Friedrich August III./I. 1763/1806-1827, in: KROLL, Frank-Lothar (Hrsg.): Die Herrscher Sachsens. Markgrafen, Kurfürsten, Könige 1089 – 1918. München 2007, S. 203-222.

MATZERATH, Josef: Kursachsen, in: BUCHHOLZ, Werner (Hrsg.): Das Ende der Frühen Neuzeit im „Dritten Deutschland". München 2003 (Historische Zeitschrift, Beiheft, Band 37), S. 135-165.

MOHNHAUPT, Heinz: Reform zwischen Revolution und Restauration. Reformprozesse aus rechtshistorischer Perspektive, in: KOHL, Gerald/NESCHWARA, Christian/SIMON, Thomas (Hrsg.): Festschrift für Wilhelm Brauneder zum 65. Geburtstag. Rechtsgeschichte in internationaler Perspektive. Wien 2008, S. 345-361.

NAUMANN, Günther: Sächsische Geschichte in Daten. München, 3. überarbeitete Auflage 1998.

PETSCHEL, Dorit: Die Persönlichkeit Friedrich August des Gerechten, Kurfürsten und Königs von Sachsen, in: SCHIRMER, Uwe (Hrsg.): Sachsen. 1763 – 1832. Zwischen Rétablissement und bürgerlichen Reformen. 2. Auflage, Beucha 2000 (Schriften der Rudolf-Kötzschke-Gesellschaft, 3), S. 77-100.

REITH, Reinhold/MAHLERWEIN, Gunter: Innovation, in: JAEGER, Friedrich (Hrsg.): Enzyklopädie der Neuzeit. Band 5. Physiologie – Religiöses Epos. Stuttgart/Weimar 2007, S. 1004-1015.

SCHILDT, Axel: Modernisierung, in: Docupedia-Zeitgeschichte, letzte Aktuallisierung: 11.02.2010, URL: http://docupedia.de/zg/Modernisierung, Zugriff am: 24. Juli 2011.

SCHILLING, Lothar: Reform, in: JAEGER, Friedrich (Hrsg.): Enzyklopädie der Neuzeit. Band 10. Physiologie – Religiöses Epos. Stuttgart/Weimar 2009, S. 777-785.